MW00830349

Éradiquez le désordre

avec la méthode de désencombrement

ÉRA

ISBN : 978-2-9559863-0-1

Magali Cheneau

Éradiquez le désordre

avec la méthode de désencombrement

ÉRA

Sommaire

Avant-propos

Lorsque j'occupais un poste administratif en entreprise, j'avais de loin le bureau le plus vide, pourtant c'était toujours à moi qu'on venait emprunter une agrafeuse, des intercalaires, de quoi écrire, un dossier complet et à jour... Comment expliquer ce paradoxe : rien sur mon bureau et tout sous la main ? Je ne disposais pas de plus d'espace de rangement que les autres pour cacher toute ma paperasse et mes fournitures de bureau, j'avais la même armoire à étagères et le même caisson à tiroirs que mes collègues. À l'occasion de l'écriture de ce guide minimaliste, je vous dévoile mes trois secrets et ma méthode.

Secret n° 1 : j'avais *seulement* ce dont j'avais besoin.

Secret n° 2 : tout ce dont j'avais besoin était parfaitement *utilisable*.

Secret n° 3 : tout ce dont j'avais besoin était *rangé et accessible*.

Méthode : je m'obligeais, pour chaque objet traînant sur ou à côté de mon bureau (dossier, document, colis, fournitures de bureau...), soit à le Jeter, soit à le Traiter, soit à le Ranger hors de vue tout en le gardant facile d'accès. Cela aurait donné la méthode de désencombrement JTR, mais, en l'adaptant au cas plus général de la maison, cela a donné naissance à la méthode ÉRA : *Éliminer, Réparer, Affecter*.

C'est cette méthode éprouvée et approuvée par mes testeurs et moi-même que je vous livre aujourd'hui dans ces pages.

Alors, chère lectrice, cher lecteur, plutôt que de capturer des animaux imaginaires avec votre téléphone, pourquoi ne pas partir à la chasse aux faiseurs de désordre qui s'exposent insolemment chez vous ?

Lisez ce guide et attrapez-les tous !

Quels bénéfices tirer d'un bon désencombrement ?

Cette méthode n'a pas pour but de vous convaincre de la nécessité de vivre dans un lieu moins encombré, c'est avant tout un guide pratique qui permet de concrètement éradiquer le désordre qui vous pèse. Vous avez déjà décidé de passer à l'action et vous n'avez pas besoin qu'on vous explique pendant vingt pages pourquoi vous devez ranger. Cependant, j'ai remarqué, lors de mon propre processus de désencombrement, que cela m'aidait de regarder sur Internet quels bénéfices avaient pu en tirer les personnes qui avaient déjà mis de l'ordre dans leur lieu de vie. Voici donc, simplement pour vous aider à maintenir le souffle de la motivation tout au long du chemin, un petit florilège de mes bénéfices préférés. Entourez ceux qui vous tiennent le plus à cœur et lisez-les à nouveau, de temps en temps, pour vous rappeler pourquoi vous avez entrepris d'alléger votre vie.

Un intérieur désencombré ou minimaliste, c'est :

plus...	moins...
d'espace disponible de temps disponible d'argent disponible de propreté dans la maison de luminosité dans la maison d'harmonie visuelle de vie sociale de confiance en soi d'efficacité de satisfaction de mobilité	de poussière de temps consacré au ménage de temps consacré au rangement de temps consacré au choix de sa tenue vestimentaire de temps passé à chercher des objets ou documents de fatigue de risques sanitaires de dépenses inutiles de pollution de stress lors des départs en vacances de stress lors des déménagements de stress lors de visites impromptues de stress en général

Vous pensez à autre chose ? Vous avez d'autres motivations ? Ajoutez-les à la liste !

Cela étant dit, comment profite-t-on de ces bénéfices ? On éradique le désordre !

De quoi est constitué le désordre ?

Avant de s'attaquer à un problème, il convient de l'identifier. Le problème dont il est question ici, c'est le désordre. Voyons donc de quoi il est constitué.

Le désordre ressemble à un amas brouillon et informe, mais il est en fait constitué d'objets qui, bien que de différentes natures, peuvent être regroupés en deux grandes catégories. Cette simple catégorisation facilitera, on le verra par la suite, leur désencombrement. Pourquoi ne pas analyser dans une pièce donnée les objets qui encombrent visuellement l'espace et déterminer leur nature ?

Voici un exemple de ce que j'ai pu repérer en balayant du regard une chambre inoccupée qui s'était transformée en débarras :

- des boîtes en carton ;
- une lampe hors d'usage ;
- du linge de maison empilé sur un meuble ;
- des pots de fleurs vides ;
- des chutes de papier cadeau ;
- des chaises de jardin ;
- des chaises pliantes ;

- une housse de guitare ;
- des stylos ;
- une planche à repasser ;
- un tréteau en bois ;
- un tapis roulé...

Le premier constat, c'est que bon nombre de ces objets sont tout simplement des objets inutilisés. Un tapis serait au sol, et non roulé, si on en avait besoin ; un tréteau supporterait un bureau ou une table pour devenir fonctionnel ; les pots de fleurs seraient garnis de plantes et la lampe éclairerait. Ce sont donc les objet inutilisés qui constituent la première grande catégorie de faiseurs de désordre.

Second constat, d'autres objets utiles et manifestement utilisés, tels qu'une planche à repasser et des chaises de jardin en bon état, traînent tout simplement là parce qu'ils n'ont pas été rangés. Des chaises de jardin trouveraient leur place dans un abri de jardin et une table à repasser dans une buanderie, mais il se peut que la maison en question ne dispose ni de l'un ni de l'autre. Il se peut aussi que ces objets aient effectivement un emplacement attribué, mais si peu pratique qu'on préfère les laisser sortis. Pour résumer la situation, constatons simplement que la seconde catégorie d'objets faiseurs de désordre est constituée d'objets sans rangement adéquat.

Nous avons donc un désordre constitué, premièrement, d'objets non utilisés, et, deuxièmement, d'objets sans rangement adéquat. On pourrait tout simplement se dire que les objets non utilisés qui traînent sont également des objets sans rangement et qu'il suffit de leur en trouver un, mais la place étant si précieuse dans un intérieur, pourquoi leur attribuer un espace de rangement, alors que les objets utiles en manquent ? Lors de votre processus de désencombrement, vous devrez avant tout vous départir d'un maximum d'objets et garder uniquement ceux qui participent activement à votre confort et votre mode de vie. C'est à ces derniers que vous réserverez les rangements disponibles dans votre foyer.

De ces deux catégories d'objets, « non utilisés » et « sans rangement adéquat », découle naturellement la méthode de désencombrement ÉRA : *Éliminer, Réparer, Affecter*. Que faire des objets inutilisés ? Tout simplement les *Éliminer* ou bien encore les *Réparer* afin de pouvoir enfin les utiliser. Il ne doit rester aucun objet inutilisé à l'issue du processus. Que faire des objets sans rangement adéquat ? Les *Affecter* à un rangement logique, pratique et immuable, comme nous le verrons plus loin.

Ce chapitre en bref :
- Le désordre est constitué d'objets non utilisés et d'objets sans rangement adéquat.
- Ces objets devront tous être soit *Éliminés*, soit *Réparés*, soit *Affectés*.

Voilà, vous savez maintenant quel est l'objectif de la méthode ÉRA ; voyons plus en détail comment la mettre en application.

Les cinq commandements de la méthode ÉRA pour désencombrer un lieu de vie

Nous entrons dans le vif du sujet : la méthode elle-même. Elle est très simple et va droit au but. Pour l'appliquer, il suffit de bien comprendre les cinq commandements ci-dessous et d'utiliser les outils ÉRA présentés au chapitre suivant. Lisez-les attentivement, ainsi que le chapitre consacré au rangement, avant de vous lancer dans le désencombrement à l'aide du guide de démarrage. Voici donc les cinq fondamentaux :

Numéro un : déranger un seul objet à la fois sans mettre tout sens dessus dessous

Bien souvent, le défi qu'on se lance de ranger toute une pièce, ou même un tiroir, est décourageant. On réunit toutes les possessions à trier au même endroit, créant un monticule d'objets encore plus impressionnant. Cela conduit à appréhender le désordre qui s'y trouve comme une masse, un ensemble dont on ne sait pas quoi faire, alors que, encore une fois, chaque objet doit de toute façon bénéficier d'un traitement particulier. Pourquoi donc regrouper des affaires pour à nouveau les séparer ? Nous allons plutôt appréhender un objet à la fois directement où il se trouve, l'extraire de son environnement sans tout déranger. Pourquoi devrait-on encombrer une pièce pour la désencombrer ?

Par ailleurs, la méthode des tas pousse trop souvent à sortir des objets dont on sait bien qu'ils sont utiles, en bon état et bien rangés. Imaginons que je vide toute ma garde-robe sur mon lit dans le but de la trier ; je remettrais probablement un tiers des vêtements du tas exactement là où je les ai pris, bien rangés sur un cintre, dans un tiroir ou sur une étagère. J'aurais donc pu m'épargner la peine de sortir tous ces vêtements pour avoir à les remettre exactement à la même place. Ne suis-je pas capable de décider si un vêtement m'est toujours indispensable en l'analysant directement dans mon armoire ? Ai-je besoin de le voir par terre ou sur mon lit pour cela ?

Ce n'est pas parce que notre espace est encombré qu'on doit décréter qu'absolument tout y est mal rangé. L'art du désencombrement, ce n'est pas de déranger ce qui est à sa place, mais bien d'identifier ce qui est mal rangé ou inutile et superflu, et uniquement cela. Gagnons donc un temps précieux en ne nous lançant pas dans un grand remue-ménage et en nous concentrant sur un seul objet à la fois.

> « Nul besoin d'encombrer une pièce pour la désencombrer. »

Devant l'immensité du désordre qui règne chez vous, vous vous demandez comment vous pourriez bien en venir à bout en vous contentant de traiter un seul objet à la fois, mais je vais vous expliquer dans quelques lignes pourquoi cela ne prendra pas tellement longtemps. Avant cela, j'aimerais que vous vous demandiez depuis combien de temps vous luttez contre le désordre, en toute honnêteté, et si cela fait plusieurs années, comme je le présume, vous n'êtes plus à six mois près. Par ailleurs, dans quelques jours, vous serez probablement venu à bout du placard ou de la pièce la plus problématique chez vous et ce sera déjà un énorme soulagement.

Maintenant, je vais vous expliquer pourquoi le processus ne sera pas si long, même en vous occupant d'un seul objet à la fois. C'est parce que, lorsque vous aurez pris une décision vraiment réfléchie pour un objet, tous les objets similaires en bénéficieront et seront happés naturellement par votre organisation. À suivre, deux exemples de ce qui peut se passer.

Dans cette méthode, il est important de traiter au moins un objet par jour pour garder le rythme et toujours faire des progrès, aussi petits soient-ils, mais il n'est pas interdit de traiter plusieurs objets à la fois ! Imaginons que je traite aujourd'hui une paire de chaussures qui traîne toujours au milieu du passage dans l'entrée. Je ne vais pas l'*Éliminer*, puisqu'il s'agit d'une paire très souvent portée. Je ne vais pas la *Réparer*, puisqu'elle est en bon état. Je dois donc l'*Affecter* à un emplacement. J'opte pour une façon de ranger les chaussures adaptée à mon logement (voir le chapitre « Où ranger quoi ? »), ainsi toutes les autres paires qui traînent bénéficieront d'un traitement beaucoup plus rapide au moment d'être soumises au test ÉRA. Si je choisis de les Affecter, elles trouveront naturellement leur place en moins de vingt secondes dans le rangement que je viens de créer pour la première paire (voir « le test des vingt secondes » dans le chapitre « Où ranger quoi ? »), alors pourquoi attendre et ne pas m'occuper de trois ou quatre paires dans la foulée si j'ai quelques minutes devant moi ?

Autre exemple : je tombe sur un sac plastique en bon état, mais j'en ai déjà plein et, d'ailleurs, je n'en utilise presque plus depuis que je prends des sacs réutilisables. Je le mets donc à la poubelle, je l'*Élimine*, et une fois que j'aurai fait ce choix ferme, je jetterai machinalement tous les sacs plastique qui me tomberont sous la main, sans même y penser, sans même pratiquer la méthode ÉRA, simplement au gré de mes déplacements dans la maison, parce que j'aurai déjà conscience que je n'en ai pas besoin.

Au fur et à mesure du désencombrement, tout comme le désordre s'installait insidieusement, c'est l'ordre qui prendra sa place naturellement. C'est pourquoi il faut entamer le processus de désencombrement dès maintenant sans se préoccuper du temps exact que cela prendra. Les résultats ne se feront de toute façon pas attendre.

Numéro deux : pas de répit pour le progrès

Le secret, c'est que vous ne devez pas voir ce désencombrement comme un gros projet insurmontable, mais plutôt comme un traitement que vous allez intégrer à votre quotidien pour une certaine durée, jusqu'à ce que les symptômes aient disparu. Vous allez soigner un mal qui s'est installé dans votre vie : le désordre. Vous devez appliquer ce traitement tous les jours, pendant quelques semaines ou quelques mois, mais, une fois guérie, votre maison sera comme neuve et le désordre ne sera plus qu'un mauvais souvenir. Votre désencombrement doit faire partie de votre vie quotidienne et devenir aussi simple que de prendre un cachet avant le repas du soir ou vous laver les dents avant d'aller vous coucher. Bien sûr, quand on prend un traitement, il n'est pas recommandé de sauter un seul jour, vous devrez donc faire un petit progrès chaque jour, aussi minime soit-il, et marquer ce progrès avec un des deux outils de la méthode au choix : le calendrier-chaîne ou le safari-photo (explications à suivre dans le chapitre « Préparation des outils de la méthode »).

Numéro trois : suivre dans l'ordre les trois niveaux du désencombrement

Vous êtes vraiment pressé d'obtenir des résultats ? Comme je vous comprends. C'est pourquoi je vous propose de vous attaquer tout de suite au désordre le plus envahissant au sein de chaque espace, ainsi les progrès seront fulgurants et, même si le désencombrement total de cet espace n'intervient pas plus tôt pour autant, vous évoluerez chaque jour dans un espace de plus en plus net et rangé où il sera agréable de circuler pour poursuivre votre démarche. Vous l'aurez peut-être donc déjà compris, le premier niveau du désencombrement à traiter, c'est le sol.

En effet, ce qui fait le plus désordre dans un intérieur, ce sont les objets qui traînent par terre. Cela donne toujours l'impression d'un intérieur mal organisé. Même si vos piles de magazines sont parfaitement alignées, classées par date et que vous savez exactement où trouver quoi, un petit air de désordre planera toujours dans la pièce si elles sont posées au sol. Donc, à moins que vous soyez adepte du *floordrobe* - un sol jonché de vêtements qui fait office de garde-robe - je vous invite à débarrasser vos planchers de tout objet qui ne soit pas un de ces éléments qu'on peut officiellement poser au sol : meuble, tapis, lampe, porte-manteau, plante, poubelle... Ne trichez pas en décrétant qu'une pile de magazines fait partie des éléments à poser au sol ! Vous tirerez une grande satisfaction à pouvoir enfin traverser chaque pièce sans contourner ou enjamber des tas d'objets. L'espace ainsi dégagé sera une première victoire sur le désordre et facilitera la suite du processus de désencombrement. Le sol n'est pas un espace de rangement, cela doit être clair dans votre esprit à tout moment pour éloigner de vous la tentation d'y déposer quelque chose.

En second lieu, c'est sur les autres surfaces planes telles que les tables, les étagères ouvertes ou le dessus des commodes, et parfois même les murs, que les objets ont tendance à s'accumuler. Vous avez sans doute déjà remarqué à quelle vitesse le dessus d'un buffet ou le plateau d'un bureau que vous avez soigneusement débarrassé se retrouve à nouveau encombré. Il est toujours tentant, quand on a dans la main un objet dont on ne sait pas trop quoi faire, de le déposer « en attendant » sur une belle surface propre qui semble ne demander qu'à l'accueillir. La solution n'est pas forcément d'éliminer tous les meubles offrant des surfaces planes, comme le préconisent certains minimalistes, car si seulement vous saviez exactement quoi faire d'un objet que vous avez dans la main, comme vous remettez automatiquement votre brosse à dent dans son gobelet ou votre porte-monnaie dans votre sac à main, vous seriez moins tenté de le déposer n'importe où. Il conviendrait donc que chaque objet dispose d'un emplacement logique, rapidement accessible et bien connu de tous où il pourrait facilement être rangé. Tout comme le sol, les surfaces planes ne sont pas des rangements, mais des espaces de travail, alors ôtez absolument tout ce qui s'y trouve lors de votre désencombrement, sauf ce qui a précisément vocation à y demeurer, comme un ordinateur sur un bureau ou une machine à café sur un comptoir de cuisine. Grâce à cette simple recommandation, votre intérieur ne prendra plus jamais l'apparence du désordre.

Pour finir, c'est dans les rangements fermés, comme les placards ou les tiroirs, que se terre le désordre le mieux caché et le plus tenace. Avez-vous des tiroirs remplis de bric-à-brac ? Avez-vous oublié ce qu'il y a, tout en haut, au fond de vos armoires ? Vous savez donc de quoi je parle, mais rassurez-vous, après avoir désencombré votre sol et vos surfaces planes, vous serez parfaitement préparé à vous attaquer à tous les recoins en toute confiance.

En résumé, le sol est un espace de circulation qu'il est impératif de dégager pour accomplir quoi que ce soit d'autre, les surfaces planes sont des espaces de travail qui doivent être disponibles pour l'exercice de vos activités quotidiennes et les rangements sont les seuls habilités à stocker vos possessions, sans pour autant les rendre inaccessibles.

L'ordre « sols → surfaces planes → rangements fermés » est donc à privilégier si vous voulez obtenir le plus rapidement possible des résultats.

Numéro quatre : procéder du désordre le plus gênant au moins gênant

Posez-vous cette question essentielle : « Quelle est la pièce, ou le placard, ou le coin de mon logement dans lequel le désordre me fait le plus horreur ? » Est-ce votre garage, parce qu'il est le plus encombré, ou bien votre pièce à vivre, même si elle est moins désordonnée, mais tout simplement parce que vous y passez plus de temps et que vous avez sans cesse ce chaos sous les yeux ? Si une fée du logis vous proposait d'un coup de baguette magique de remettre en ordre un seul endroit chez vous, lequel choisiriez-vous ? Vous avez choisi la cuisine ? Alors suivez l'ordre « sols → surfaces planes → rangements fermés » au sein de cet espace. Vous avez choisi le placard de l'entrée ? Alors attaquez-vous directement à ce placard en progressant de bas en haut par exemple pour ne rien laisser passer. Une fois le placard désencombré et impeccablement rangé, traitez l'endroit suivant de la maison qui mériterait le plus un bon désencombrement. La feuille de route du chapitre suivant vous guidera dans votre progression.

Numéro cinq : l'ordre pousse le désordre

Vous devez commencer par déclarer dans votre esprit tout espace que vous avez déjà désencombré « zone non sinistrable ». De toute façon, tous les objets qui y traînaient régulièrement avant désencombrement ont été *Éliminés* ou

Affectés à un emplacement où il sera très facile de les ranger, donc il est peu probable que le désordre s'y réinstalle, mais soyez quand même vigilant jusqu'à la fin du processus. Si votre enfant y dépose son cartable le temps de prendre son goûter avant de le monter dans sa chambre, ce n'est pas bien grave. En revanche, les rollers qui traînaient toujours là ont désormais une place bien désignée, vous ne devrez donc plus les y retrouver. Vous-même ne devez pas vous surprendre à déposer de nouvelles choses dans ces espaces, mais vous ne le ferez probablement pas car le désordre appelant le désordre, on accumule plus facilement des objets dans un espace encombré que dans un lieu immaculé. N'oubliez pas le deuxième commandement : pas de répit pour le progrès ! N'annulez pas vos efforts en revenant en arrière !

Maintenant, voyons comment l'ordre va pousser le désordre. Attention, âmes sensibles, c'est assez barbare, plutôt radical, mais nous avons décidé d'en finir avec le désordre, nous voulons l'éradiquer, n'est-ce pas ?

Donc, voici comment il faudra procéder lorsque nous aurons choisi d'Affecter un objet à un emplacement logique, pratique et immuable. Reprenons l'exemple de ma paire de chaussures qui traîne. J'ai décidé de la ranger dans un endroit logique (avec les manteaux dans l'entrée), pratique (à plat en bas du placard, facile à attraper) et immuable (je saurai que je peux toujours trouver mes chaussures à cet endroit). Tout cela est bien beau, mais le bas du placard est lourdement encombré ! Oui, car il n'a pas encore subi le traitement ÉRA. Dans ce cas, votre nouvelle organisation est prioritaire sur votre ancien chaos. Enlevez les éléments qui se trouvent à l'endroit exact où vous souhaitez mettre votre objet à Affecter et déposez-les à n'importe quel autre endroit que vous n'avez pas encore traité, juste comme ça, sans plus de cérémonie, car nous n'allons pas nous attarder dessus. A présent, le territoire que vous venez de conquérir, celui que vous avez désigné comme rangement définitif de votre objet - dans ce cas le bas du placard de l'entrée - doit aussi être déclaré « zone non *sinistrable* », vous ne pourrez plus y entasser de désordre, il devra toujours être disponible pour y remettre l'objet en place. J'insiste sur le fait que vous devez déplacer l'ancien contenu de votre *nouveau rangement* vers un espace que vous n'avez pas encore désencombré, car sinon il passera entre les mailles du filet et deviendra un tas de nouveaux faiseurs de désordre. Par ailleurs, si vous êtes suffisamment avancé dans le processus, vous aurez déjà mis en place plusieurs rangements dans lesquels vous penserez que vous pouvez immédiatement *Affecter* les objets que vous venez de déloger et croirez ainsi avoir créé de l'ordre, mais il faut faire passer chaque objet par le filtre ÉRA avant de le ranger. Peut-être qu'en passant chaque objet en revue, vous vous rendrez compte que vous pouvez tous les jeter plutôt que de les ranger, donc déplacez-les bien vers un endroit que vous n'avez pas encore désencombré, ne les traitez pas immédiatement et ne vous inquiétez pas, leur tour viendra !

C'est ainsi que l'ordre va pousser le chaos dans ses retranchements. Dans les premiers temps, vous serez souvent amené à repousser et déplacer du désordre, mais au fur et à mesure du désencombrement, vous ne trouverez plus dans vos armoires et tiroirs que des objets « à leur juste place » et du vide ! Ce n'est en aucun cas reporter le problème ailleurs, puisque la méthode traite un objet à la fois, peu importe que cet objet ait été déplacé avant ou pas, il peut même avoir été déplacé plusieurs fois avant de passer par le processus qui décidera de son sort, mais vous ne vous concentrerez sur cet objet qu'une seule et unique fois où vous choisirez de l'*Éliminer*, de le *Réparer* ou de l'*Affecter*.

Ce chapitre en bref :

Les cinq commandements de la méthode ÉRA :

- Traiter un objet à la fois sans tout déranger.
- Traiter au moins un objet par jour.
- Suivre l'ordre « sols → surfaces planes → rangements fermés » pour désencombrer.
- Progresser dans le logement de la zone où le désordre est le plus gênant à celle où il est le moins gênant.
- Pousser le désordre lorsque cela s'avère nécessaire pour mettre en place la nouvelle organisation.

Vous êtes presque prêt à commencer le désencombrement, mais d'abord, comme tout bon artisan, munissez-vous de vos outils avant d'attaquer le chantier.

Préparation des outils de la méthode

La feuille de route (page 34)

Faites le tour du logis avec un œil critique et notez sur la première ligne, en haut de votre feuille de route, l'endroit où le désordre est, selon vos propres critères, le plus gênant. Notez ensuite, sur la deuxième ligne, le deuxième espace qui bénéficierait le plus d'un bon désencombrement, et ainsi de suite jusqu'à avoir répertorié toutes les zones de la maison qui ne sont pas en ordre. Vous pourrez ensuite cocher, à mesure du processus de désencombrement, chaque nouvelle étape franchie.

Le diagramme d'aide à la décision (page 35)

Le plus difficile, lors d'un désencombrement, c'est de décider quoi faire de chaque objet. Afin de ne pas vous égarer dans des considérations sur la nécessité de garder un objet, sur sa valeur, sur sa praticité et autres questionnements et analyses interminables, utilisez impérativement le diagramme ci-dessous qui vous aidera à canaliser et accélérer vos prises de décisions. Ce diagramme est au cœur de la méthode, c'est pourquoi je vais détailler les principaux termes qui y figurent afin de ne laisser aucune place à l'hésitation lorsque vous commencerez à l'utiliser. Une fois que vous maîtriserez parfaitement le fonctionnement de ce diagramme, vous n'en aurez même plus besoin pour décider rapidement du sort d'un objet ; vous n'aurez qu'à vous demander en voyant le dit objet : « Éliminer, Réparer ou Affecter ? »

Utilisable/inutilisable

Comprenez cent pour cent utilisable, l'objet doit pouvoir être utilisé sur le champ et en l'état. Une télécommande, par exemple, qui fonctionne parfaitement mais n'a plus de piles est inutilisable. Même chose pour un vêtement en très bon état dans lequel vous ne rentrez plus.

Réparable/non réparable

Un objet réparable peut retrouver entièrement sa fonction ou en assumer une autre après remise en état. Une télécommande qui ne commande plus aucun appareil présent dans la maison n'est pas réparable puisque, même avec des piles neuves, elle ne retrouvera pas sa fonction.

Indispensable/non indispensable

Dans la mesure du possible, essayez de trouver pourquoi un objet ne vous est pas indispensable, car c'est cette seule question qui va vous permettre d'Éliminer un maximum de vos possessions et de simplifier vraiment votre quotidien.

Si à la vue d'un objet vous trouvez facilement une solution au problème « Comment m'en passer ? », c'est que l'objet n'est pas indispensable à votre mode de vie. Prenons l'exemple d'une pompe à vélo et examinons les réponses possibles à la question « Comment m'en passer ? » Cas de figure numéro un : « Je m'en passe parfaitement, j'en ai une deuxième toute neuve et celle-ci ne m'est pas indispensable. » Cas de figure numéro deux : « Elle est indispensable pour gonfler les pneus de mon vélo, mais je ne fais jamais de vélo et ne compte pas en faire, donc je sais comment me passer de la pompe à vélo, je vends le vélo, elle ne me sera plus indispensable. » Cas de figure numéro trois : « Je fais du vélo une fois par semaine, c'est ma seule pompe à vélo, je ne vois donc aucun moyen de m'en passer, elle m'est indispensable. »

Éliminer

Cela signifie ici « sortir définitivement l'objet de votre environnement ». Il peut donc être jeté, donné ou vendu, mais pas stocké au grenier, dans un box ou ailleurs, ni prêté puisqu'il risquerait de revenir.

Réparer

C'est redonner pleinement à un objet sa fonction ou bien lui en attribuer une autre en le recyclant, mais le but, c'est qu'il quitte son statut d'objet inutilisable. Il ne doit pas y avoir de poids mort dans la maison, chaque objet doit avoir sa fonction propre.

Affecter

C'est essentiel, car nous aurons toujours besoin de quelques possessions pour la vie courante, pour nous habiller, nous laver, cuisiner... Nous ne pouvons donc pas tout *Éliminer*, mais il faut que les outils de notre quotidien aient leur place pour ne pas se retrouver rapidement à traîner sur les tables, les commodes ou par terre et installer à nouveau le désordre. Ils devront donc être *Affectés* à un emplacement logique, pratique et immuable où nous pourrons toujours les retrouver en cas de besoin.

Comment lire le diagramme

Le diagramme se lit de haut en bas, vous aurez un choix à faire à chaque niveau. Faisons tout de suite un essai pour apprendre son fonctionnement. Prenons l'exemple de ma paire de chaussures qui traîne dans l'entrée.

Premier niveau : ma paire de chaussures est-elle « un contenant/support vide ? », « utilisable ? », « inutilisable ? » Elle est utilisable, je passe donc sous la case « utilisable ».

Deuxième niveau : ma paire de chaussures est-elle « indispensable ? » ou « non indispensable ? » Elle est indispensable, car c'est celle que je porte le plus souvent.

Troisième niveau : je dois donc l'Affecter.

Vous remarquerez que le diagramme incite à *Réparer* tous les objets réparables même s'ils sont susceptibles d'être *Éliminés* dans un second temps. C'est avant tout par souci écologique, car il serait dommage de jeter un objet qui peut encore être donné ou vendu, nos décharges sont bien assez encombrées. Cependant, rien ne vous empêche de jeter directement un objet réparable dont vous êtes sûr de vouloir vous séparer.

Le calendrier-chaîne (page 36)

C'est une des deux options que je vous propose pour maintenir la motivation tout au long du désencombrement et ne pas laisser de répit au progrès, en application du deuxième commandement. Elle marche très bien pour les gens qui font les choses pour leur satisfaction personnelle et n'ont pas besoin de reconnaissance ou d'encouragements extérieurs. C'est une méthode de productivité toute simple mise au point par le génial comique américain Jerry

Seinfeld. Il déclara un jour qu'il écrivait une blague par jour et qu'il cochait ensuite la case du jour sur un grand calendrier. Au bout de quelques jours, une chaîne s'était ainsi dessinée et il lui suffisait de se dire : « Ne casse pas la chaîne » pour maintenir ce rythme de travail journalier. C'est vraiment agréable de constater visuellement avec cet outil qu'on avance, car parfois, quand le désordre est trop répandu, l'élimination des cinq ou dix premiers objets est presque imperceptible. Si vous vous astreignez chaque jour à chasser au moins un faiseur de désordre et que vous mettez tout de suite une croix sur le calendrier, non seulement vous aurez la satisfaction de voir vos accomplissements, mais aussi, vous vous assurerez de ne pas oublier une seule journée : pas de répit pour le progrès ! Pour avoir le droit d'ajouter une nouvelle croix sur votre calendrier-chaîne, vous devez soit *Éliminer*, soit *Réparer*, soit *Affecter* au moins un objet.

Quelques précisions sur le fonctionnement du calendrier valables aussi pour le « safari-photo » décrit plus loin :

1) Si un objet met plusieurs jours à être *Réparé*, vous ne pourrez cocher le calendrier que le jour où se termine sa réparation, donc, tous les autres jours, vous devrez continuer d'*Éliminer*, *Réparer* ou *Affecter* d'autres objets pour pouvoir cocher les cases.

2) Si vous tombez sur un objet qui ne vous appartient pas, vous ne pourrez évidemment pas décider de son sort. Vous devrez le remettre à son propriétaire afin qu'il le garde dans son espace personnel (sa chambre, son bureau, son étagère de salle de bains...), mais dans ce cas, cela ne vous permettra pas de cocher de nouvelle case. Vous pouvez cependant vous associer à son propriétaire pour décider d'*Éliminer*, de *Réparer* ou d'*Affecter* l'objet et gagner ainsi le droit de cocher votre calendrier !

3) Vous ne pourrez pas cocher plusieurs cases à l'avance, même si vous avez traité plusieurs objets dans la journée, car vous risqueriez de vous arrêter plusieurs jours, alors que le calendrier doit justement vous aider à garder le rythme.

Cette méthode prend peu de temps, celui de dessiner une simple croix, et est efficace pour la plupart des gens, mais si cependant vous avez besoin de soutien, d'encouragements extérieurs ou d'un challenge partagé et que vous pensez que la méthode Seinfeld n'est pas pour vous, essayez le mode safari-photo un peu plus ludique décrit ci-dessous.

Le safari-photo

Trouvez dans votre entourage un partenaire de jeu qui veut faire la méthode ÉRA chez lui en même temps que vous ou simplement une personne référente qui vous encourage dans votre démarche de désencombrement. Chaque jour, après avoir traité votre cible (ou vos cibles), envoyez à cette personne la photo du faiseur de désordre que vous avez capturé avec le commentaire correspondant. Donc, si c'est un objet que vous avez **Éliminé**, prenez-le en photo dans la poubelle ou votre carton « à donner » dans le coffre de votre voiture, par exemple, et envoyez-la avec le commentaire « *Éliminé !* » Si vous avez *Affecté* un objet, prenez-le en photo dans son nouveau super rangement et envoyez-la avec le commentaire « *Affecté !* » Même principe pour un objet que vous aurez *Réparé*, une photo avant réparation et une après seraient idéales pour témoigner de votre réussite.

Bien sûr, choisissez de préférence une personne positive et motivante qui vous félicitera de vos progrès plutôt que de vous demander pourquoi vous avez jeté telle ou telle chose ou qui trouverait à redire sur les rangements que vous avez adoptés.

Trois cartons

Un carton pour conserver tous les contenants et supports vides sur lesquels vous mettez la main, un carton pour les choses à vendre et un pour celles à donner, mais pas de sac poubelle pour *Éliminer* ! Traîner un sac poubelle dans la maison lors d'un désencombrement donne un air négligé à votre intérieur. Vous n'en ressentirez d'ailleurs pas le besoin puisque vous ne jetterez la plupart du temps qu'un article à la fois. Préférez mettre directement l'objet que vous aurez choisi de jeter dans la poubelle correspondante (déchets ménagers, emballages, verre ou dans le coffre de la voiture s'il doit partir à la déchetterie), comme vous le faites au quotidien avec vos déchets. En ce qui concerne les cartons, vous pouvez les garder dans la maison, mais l'idéal est de les mettre dans le coffre de la voiture, ainsi ils seront toujours prêts à être déposés la prochaine fois que vous passerez devant un conteneur pour les dons de vêtements, devant une association caritative, chez votre belle-sœur à qui vous voulez donner des vêtements de bébé ou devant un dépôt-vente, par exemple. Ne ratez pas une bonne occasion de vous séparer des faiseurs de désordre accumulés dans vos cartons. (Plus d'infos à suivre dans le paragraphe consacré au carnet d'adresses.)

Le guide de rangement

Parfois, nos affaires, chaussures, médicaments, bijoux ou autres sont mal rangés tout simplement parce qu'on ne sait pas trop où les mettre et non pas parce qu'on n'a pas le temps ou le courage de les ranger. Pour faire face à cette éventualité, j'ai inclus un petit guide de rangement - le chapitre « Où ranger quoi ? » - qui vous apprendra à créer des rangements logiques, pratiques et immuables pour toutes les possessions que vous choisirez de conserver.

Les contenants et supports pour Affecter

Comme vous avez pu le remarquer sur le diagramme d'aide à la décision, nous ne nous débarrassons pas immédiatement des contenants, car ils peuvent faire des rangements très pratiques, donc, au fur et à mesure du processus, mettez-les de côté dans le carton prévu à cet effet. Gardez également dans un premier temps les cintres, crochets, ficelles, planches, tablettes et autres supports. Ils vous seront peut-être utiles et, une fois que vous aurez organisé tout votre intérieur, ils pourront être jetés sans regret.

Le carnet d'adresses (page 37)

Si vous avez déjà fait des tentatives de désencombrement, vous savez comme moi que les cartons d'objets à Éliminer finissent, eux aussi, par traîner dans la maison et par nous convaincre que nous ne sommes pas capables de mener à bien notre désencombrement. Cela est dû au fait que nous ne savons tout simplement pas quoi en faire, exactement comme les objets dont nous ne savons pas quoi faire sans un bon guide de rangement. Dans ce cas, c'est plutôt un bon carnet d'adresses dont nous aurons besoin pour savoir où déposer les affaires dont nous nous séparons. Alors, recherchez immédiatement sur Internet les adresses demandées dans le carnet d'adresses à remplir ci-après et notez-les maintenant pour ne plus avoir à y penser. Il vous suffira de mettre votre carton dans la voiture et de vous arrêter dans ces lieux lorsque vous aurez une course à faire. Vous pouvez soit y noter les adresses les plus proches de chez vous, soit celles qui sont à proximité des lieux où vous vous rendez le plus souvent (votre supermarché, votre club de gym, chez votre sœur...).

Vous pouvez cependant privilégier le don à vos proches, ou bien vendre sur Ebay et leboncoin.fr si vous êtes à l'aise avec Internet, ou encore vendre lors de brocantes. Choisissez les solutions les plus simples et les plus plaisantes pour vous, il ne faut surtout pas que cette ultime étape vienne bloquer le flot de votre désencombrement.

Feuille de route

Espaces à désencombrer par ordre de priorité	Sols	Surfaces planes	Rangements fermés
	☐	☐	☐
	☐	☐	☐
	☐	☐	☐
	☐	☐	☐
	☐	☐	☐
	☐	☐	☐
	☐	☐	☐
	☐	☐	☐
	☐	☐	☐
	☐	☐	☐
	☐	☐	☐
	☐	☐	☐
	☐	☐	☐

Diagramme d'aide à la décision

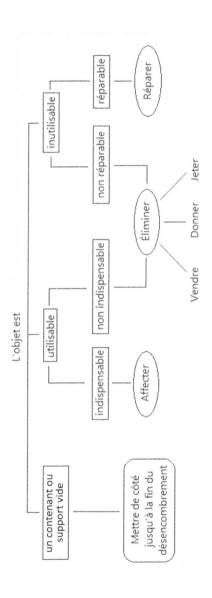

Calendrier-chaîne

	DÉCEMBRE	NOVEMBRE	OCTOBRE	SEPTEMBRE	AOÛT	JUILLET	JUIN	MAI	AVRIL	MARS	FÉVRIER	JANVIER	
													1
													2
													3
													4
													5
													6
													7
													8
													9
													10
													11
													12
													13
													14
													15
													16
													17
													18
													19
													20
													21
													22
													23
													24
													25
													26
													27
													28
													29
													30
													31

Carnet d'adresses

➜ Adresse de l'association caritative la plus proche (Secours Populaire, Secours Catholique, Emmaüs...)

_____

_____

_____

➜ Emplacement du conteneur à vêtements le plus proche (Relais, Écotextile, la Fibre du tri...)

_____

➜ Adresse du dépôt-vente le plus proche (Easy Cash, La Trocante, Cash Converters...)

_____

_____

_____

➜ Adresse de la déchetterie la plus proche (pour y déposer vos appareils électroménagers, vos encombrants...)

_____

_____

_____

➜ Supermarché où déposer les ampoules, les piles, les petits appareils électroménagers...

_____

Où ranger quoi ?

Ce chapitre est un guide pour vous aider à choisir ou créer le rangement des objets que vous voudrez Affecter. Rappelez-vous à tout moment lors de la lecture de ce chapitre qu'un rangement doit être logique, pratique et immuable. Logique, parce que la tentation est grande lorsqu'on ramasse un objet de le caser dans un tiroir ou un placard où on sait qu'il nous reste de la place, mais ce n'est pas nécessairement là que nous irions le chercher en premier lieu si nous en avions besoin. Pratique, parce que vous n'aurez pas le courage de le ranger s'il est trop difficile à remettre en place. Immuable, parce que si vous changez tout le temps son emplacement, ni vous ni aucun membre de votre foyer ne saurez où le trouver ni le ranger.

Les solutions les plus simples sont souvent les meilleures

Pour ranger et retrouver facilement vos affaires, faites confiance à votre logique. Si vous vous retrouviez parachuté dans une maison habitée que vous ne connaissez pas, où iriez-vous chercher des chaussures ? Probablement dans un meuble ou un placard dans l'entrée ou éventuellement dans les dressings des chambres. Où penseriez-vous trouver des crayons et stylos ? Dans un pot à crayons sur le bureau ou dans le tiroir d'un secrétaire. Des sous-vêtements ? Dans les armoires, dressings ou commodes des chambres. Des assiettes ? Dans un vaisselier dans le salon ou dans un meuble de la cuisine. En tout cas, vous trouveriez ces objets assez facilement, même dans un environnement totalement inconnu. Vous comprenez donc l'intérêt d'adopter un rangement logique.

Maintenant, corsons un peu l'exercice. Où chercheriez-vous des ampoules de rechange ? Des piles ? De la ficelle ? Du papier cadeau ? Des décorations de Noël ? Un marche-pied ? Une boîte à couture ? Des allumettes ? Cela devient un peu plus compliqué. Si vous ne pouvez pas appliquer la logique à l'échelle de la maison, comme dans le cas du papier cadeau, puisqu'il n'existe pas d'endroit évident où le trouver, vous pouvez l'appliquer à plus petite échelle grâce aux unités logiques de rangement. Par exemple, vous pourriez avoir un casier ou un carton « fêtes » dans lequel ranger le papier cadeau en hauteur, les décorations de Noël, des bougies, des allumettes et des cartes de vœux, pourquoi pas ? C'est ensuite le fait de placer ce contenant à un endroit immuable qui vous permettra de le retrouver à coup sûr dès la deuxième ou troisième utilisation. Il pourrait très bien se trouver dans un dressing, dans la buanderie, au grenier ou dans le placard de l'entrée, peu importe du moment qu'il ne bouge jamais

> « *Un bon rangement est un rangement dont on se souvient.* »

pour que chacun sache où le retrouver. Ne cherchez pas le rangement parfait en déplaçant tout à tout bout de champ. Le rangement idéal est celui dont on se souvient, il faut donc lui laisser le temps de s'ancrer dans notre mémoire.

Voyons un peu mieux comment tirer parti de ce concept des unités logiques de rangement.

Les unités logiques de rangement

Pour ne pas laisser les objets divers se disperser partout dans la maison, il est intéressant de les regrouper par fonction ou par famille dans une même unité de rangement. Utilisez votre propre logique pour ces regroupements. Par exemple, si vous utilisez le plus souvent vos allumettes pour faire flamber des aliments, rangez-les dans le compartiment des petits ustensiles d'un tiroir de cuisine. Si elles vous servent à allumer de belles bougies lorsque vous recevez à dîner, regroupez-les avec les décorations de table dans une boîte que vous laisserez toujours au même endroit, dans le vaisselier par exemple. Si vous avez des allumettes chez vous uniquement en prévision des coupures de courant, rangez-les dans un casier où vous aurez constitué un petit kit de secours : lampe torche, fusibles, bougies et allumettes. Les unités logiques de rangement permettent une véritable flexibilité, elles s'adaptent exactement à votre mode vie et au fonctionnement de votre habitation, alors pensez-y toujours avant de caser à la va-vite un petit objet qui traîne dans le premier espace de rangement disponible, c'est le meilleur moyen de ne plus le retrouver le jour où vous en aurez besoin.

Pour que ces unités de rangement ne se transforment pas en vide-poches et fourre-tout, compartimentez-les. Ajoutez-y des boîtes plus petites ou des séparateurs faits de simples cartons.

Pour finir, afin qu'elles ne deviennent pas elles-mêmes des faiseurs de désordre qui traînent dans la maison, veillez à ce que leurs dimensions soient adaptées au rangement fermé dans lequel vous voulez les mettre. Par exemple, si vous avez décidé de créer un casier avec les gants et les bonnets

de tout le monde à mettre dans le placard de l'entrée, vérifiez d'abord que ce fameux casier s'intègre parfaitement au
placard.

Quelques exemples d'unités logiques de rangement très
utilisées : boîte à outils, boîte à couture, armoire ou trousse
à pharmacie, placard ou crédence à balais, tiroir à fournitures de bureau, bibliothèque, casserolier, tiroir à sous-vêtements compartimenté...

Quelques idées d'unités logiques de rangement à créer :
boîte pour le petit matériel de réparation (ficelle, Scotch,
piles, ampoules, colle forte, patins en feutre pour les pieds
de meubles...), casier pour le matériel électronique et élec-
trique (câbles, multiprises, rallonges, téléphone portable de
secours, clés USB...), carton de matériel pour les fêtes (bougies d'anniversaire, décorations de Noël, papier cadeau...),
boîte range-revues pour les notices, panier de produits ménagers, la caisse de transport de votre animal avec tout ce
qui le concerne dedans (carnet de santé, laisse, brosse,
shampoing, jouets, friandises...), etc.

Le test des vingt secondes

Pour vous assurer que votre rangement est pratique,
faites le test des vingt secondes. Tenez-vous avec l'objet
dans les mains devant son rangement et chronométrez le
temps qu'il vous faut pour le remettre à sa place. Idéale-
ment, cela doit avoir pris moins de vingt secondes. Si ce
n'est pas le cas, cherchez un emplacement plus facile d'accès pour cet objet, car vous risquez de le laisser traîner souvent pour vous épargner la peine d'avoir à le remettre dans
cet endroit si peu accessible. Ranger ne doit pas demander
d'effort ni de réflexion, cela doit devenir un automatisme.
Rassurez-vous, la plupart des objets ne prennent pas plus
d'une à cinq secondes à ranger. Pensez au temps qu'il vous
faut pour accrocher un manteau à sa patère ou remettre

une tasse propre dans son placard. Le test des vingt secondes vous sera surtout utile pour les objets qui ne sont
pas régulièrement utilisés, car même ceux-là - et surtout
ceux-là, devrais-je dire - ne doivent pas nous décourager
de maintenir la maison en ordre en restant à traîner des
jours durant avant que nous ayons le courage de les remettre à leur place.

Acheter un rangement doit être le tout dernier recours

Efforcez-vous de trouver une solution de rangement avec
ce dont vous disposez déjà, exploitez tout ce que vous avez
sous la main, aidez-vous d'Internet pour trouver de bonnes
idées de rangements, mais surtout, ne courez pas acheter
des éléments de rangement à la première occasion, ils sont
encore plus encombrants que les objets que vous cherchez
à ranger eux-mêmes ! En plus d'occuper de l'espace, ils
vous offriront la tentation d'y caser certains objets qui de-
vraient être *Éliminés*. Donc, ne vous impatientez pas et at-
tendez la fin du processus pour acheter des rangements,
vous aurez alors une connaissance de vos véritables be-
soins. Si votre sac à main ne tient pas bien sur le crochet
que vous avez fixé à l'entrée pour l'Affecter, il sera toujours
temps d'acheter une vraie patère assortie à votre intérieur,
mais, lors de votre désencombrement, ne vous projetez pas
dans un futur idéal rempli de jolis meubles de rangement
soi-disant pratiques dont les grandes enseignes vous
vantent les mérites. Prouvez-vous à vous-même que vous
pouvez accomplir des miracles avec les moyens du bord,
vous développerez ainsi véritablement votre capacité à
ranger et organiser.

Fiche d'affectation des objets récalcitrants

Parfois, on coince sur certains objets dont on ne sait décidément pas quoi faire. Vous pouvez évidemment demander de l'aide à des personnes organisées que vous connaissez, mais pour un rangement vraiment personnalisé et adapté à votre foyer, je vous recommande de prendre un peu de temps pour y réfléchir vous-même. La fiche d'affectation de la page suivante vous y aidera. J'en ai rempli plusieurs à titre d'exemple pour vous indiquer la marche à suivre. Pour la compléter, imaginez que votre maison est vide, mais en l'état, c'est-à-dire, comme expliqué précédemment, sans vous projeter avec des aménagements ou rangements futurs. N'oubliez pas, l'ordre pousse le désordre, donc c'est exactement comme si la maison était déjà vide, tout espace chez vous est disponible pour y installer votre nouvelle organisation.

Mon objet à Affecter : _ _ _ _ _ _ _ _ _ _ _ _ _ _ _

▶ Dans quelle pièce aimerais-je l'avoir à disposition ?

▶ Avec quels autres objets compagnons serait-il logique pour moi de le retrouver ?

▶ Existe-t-il chez moi un contenant ou support qui faciliterait le rangement de cet objet ?

▶ Quel rangement (fermé si possible) ou pièce de stockage (grenier, garage...) pourrait accueillir définitivement cet objet ou son contenant/support ?

▶ Ce rangement passe-t-il le test des vingt secondes ?

Exemple 1

Mon objet à Affecter : *ma paire de chaussures*

▶ Dans quelle pièce aimerais-je l'avoir à disposition ?

Dans l'entrée.

▶ Avec quels autres objets compagnons serait-il logique pour moi de le retrouver ?

Les autres chaussures, les manteaux, les accessoires d'extérieur (parapluies, chapeaux, gants...).

▶ Existe-t-il chez moi un contenant ou support qui faciliterait le rangement de cet objet ?

Oui, j'ai un range-chaussures pour sept ou huit paires, mais elles peuvent aussi être posées à plat sans support.

▶ Quel rangement (fermé si possible) ou pièce de stockage (grenier, garage...) pourrait accueillir définitivement cet objet ou son contenant/support ?

Le placard de l'entrée, tout en bas, sous les manteaux suspendus. Il y a aussi des étagères disponibles au-dessus des manteaux que je peux atteindre sans difficulté.

▶ Ce rangement passe-t-il le test des vingt secondes ?

Oui, largement.

Exemple 2

Mon objet à Affecter : *ma boîte à couture*

▶ Dans quelle pièce aimerais-je l'avoir à disposition ?

Dans la chambre ou le salon, c'est là que je couds le plus souvent.

▶ Avec quels autres objets compagnons serait-il logique pour moi de le retrouver ?

Ma machine à coudre si possible mais sinon, peu importe, la boîte à couture est une unité logique de rangement en elle-même, elle regroupe déjà tout ce dont j'ai besoin pour coudre.

▶ Existe-t-il chez moi un contenant ou support qui faciliterait le rangement de cet objet ?

Non, car c'est déjà un contenant qui n'a donc pas besoin de contenant.

▶ Quel rangement (fermé si possible) ou pièce de stockage (grenier, garage...) pourrait accueillir définitivement cet objet ou son contenant/support ?

Une étagère dans ma penderie est assez large pour l'accueillir.

▶ Ce rangement passe-t-il le test des vingt secondes ?

Oui, largement.

Exemple 3

Mon objet à Affecter : *la notice de mon réfrigérateur*

▶ Dans quelle pièce aimerais-je l'avoir à disposition ?

Peu importe, je la consulte rarement.

▶ Avec quels autres objets compagnons serait-il logique pour moi de le retrouver ?

D'autres notices, je pense.

▶ Existe-t-il chez moi un contenant ou support qui faciliterait le rangement de cet objet ?

J'ai des classeurs à pochettes plastiques, des dossiers suspendus et aussi des range-revues verticaux en carton. Vu que la notice est assez épaisse, je vais plutôt la mettre debout dans un range-revues. De plus, il y a dessus un porte-étiquette où je pourrai indiquer « notices » et je rangerai toutes les notices dedans pour les retrouver facilement.

▶ Quel rangement (fermé si possible) ou pièce de stockage (grenier, garage...) pourrait accueillir définitivement cet objet ou son contenant/support ?

Une étagère de la bibliothèque, je pourrais y glisser le range-revues parmi les livres.

▶ Ce rangement passe-t-il le test des vingt secondes ?

Oui.

Guide de démarrage rapide : c'est parti !

- Copiez le calendrier-chaîne ou prévenez votre partenaire de jeu que vous commencez aujourd'hui le challenge.
- Décidez à quel moment de la journée, tous les jours, vous traiterez au moins un nouvel objet avec la méthode ÉRA.
- Ce moment venu, consultez votre feuille de route et rendez-vous dans le premier espace que vous avez choisi de désencombrer.
- *Facultatif : prenez l'endroit en photo pour vous rappeler comment il était avant de commencer.*
- Attrapez le premier objet faiseur de désordre qui vous tombe sous la main en commençant par ceux qui traînent au sol.
- Consultez votre diagramme d'aide à la décision pour décider de son sort.
- *Éliminez-le, Réparez-le* ou bien *Affectez-le* dans un rangement logique, pratique et immuable.
- Cochez la date du jour sur votre calendrier-chaîne ou envoyez la photo de l'objet traité à votre partenaire de jeu.
- Recommencez tous les jours à raison d'au moins un objet par jour jusqu'à avoir désencombré cet espace.

- *Facultatif : prenez à nouveau cet espace en photo maintenant qu'il est net et rangé.*
- Cochez cet espace sur votre feuille de route et passez à la zone suivante.

Voilà, vous savez tout, c'est en cela que consiste la méthode ÉRA : scanner absolument tous les objets qui traînent, qui « font désordre », et se demander pour chacun d'eux s'il convient de l'*Éliminer*, de le *Réparer* ou de l'*Affecter*. Grâce à ce traitement, chaque objet retrouve une vraie place et une vraie fonction dans votre vie ou bien en sort totalement pour laisser la place aux objets qui en valent vraiment la peine.

C'est à la portée de tous et vous pouvez le faire. Ça change la vie, ne flanchez pas et regardez de temps en temps la liste des bénéfices que vous adoreriez tirer de votre réussite. Vous avez déjà franchi la première étape, vous avez lu ce guide. C'est votre sésame vers une vie plus simple et plus légère et c'est la méthode douce, une simple petite pilule à avaler chaque jour qui prend même des allures de jeu, une chasse aux faiseurs de désordre de votre foyer qui devient ludique et addictive, c'est pourquoi je ne peux que croire en votre succès, alors il ne me reste qu'à vous souhaiter un bon désencombrement avec la méthode ÉRA !

Maintenir les résultats

Pourquoi un chapitre sur le maintien des résultats, me demanderez-vous ? Quoi de plus simple maintenant que chaque objet dispose d'un rangement accessible en moins de vingt secondes ? Vous pouvez remettre chaque chose à sa place en un clin d'œil et ne plus vous en soucier. Cependant, il vous faudra parer à quelques éventualités.

Tout d'abord, de nouveaux objets peuvent s'inviter chez vous sous forme de cadeaux ou d'achats suscités par un besoin. Dans ce cas, il faudra impérativement leur faire passer le test ÉRA dès leur arrivée et, vraisemblablement, vous choisirez de les *Affecter*. Comme toujours, choisissez-leur un rangement logique, pratique et immuable, vous aurez ainsi immédiatement garanti que ces objets ne deviendront pas de nouveaux faiseurs de désordre. Vous pouvez également appliquer l'astuce « un objet qui entre, un objet qui sort » qui consiste à se débarrasser d'un objet présent dans la maison à chaque fois qu'on en apporte un supplémentaire. Cela permet de maintenir le niveau d'encombrement stable et de ne pas se retrouver submergé par tous les nouveaux entrants.

Il pourrait également vous arriver, à un moment ou à un autre, de ne plus pouvoir suivre la cadence du rangement, aussi facile soit-il devenu suite à votre désencombrement ÉRA. Vous pouvez avoir été immobilisé par un bras dans le plâtre ou bien avoir reçu pendant les vacances votre famille très nombreuse chez vous, par exemple, et vous retrouver avec un environnement à nouveau partiellement encombré. Pas de panique ! Ce sera justement le moment idéal pour faire une mise à jour de votre désencombrement, confirmer que les objets encore présents chez vous depuis ont toujours leur utilité et que leur rangement convient toujours parfaitement. Comment se fait-il que lorsque vous ne disposez plus d'assez de temps, ces objets traînent à nouveau ? Analysez un à un tous les objets restés en désordre suite à cette petite période de flottement en progressant suivant les trois niveaux du désencombrement : sol, surfaces planes, rangements fermés. Demandez-vous pour chaque objet qui traîne encore s'il a toujours sa place chez vous, s'il est toujours en bon état et s'il est toujours rangé à l'endroit le mieux adapté ou pourrait trouver un rangement plus logique, pratique et immuable. Ne voyez surtout pas cette petite période de désordre comme une menace, il n'y a plus de menace maintenant que vous savez désencombrer et ranger. Voyez plutôt cela comme une opportunité pour rafraîchir un peu votre intérieur, le remettre en conformité avec une évolution éventuelle de votre mode de vie.

Si vous devez faire face à un déménagement, voyez également cela comme une opportunité et non pas comme un anéantissement de tous vos efforts. Vous ne vous retrouverez pas, comme de nombreuses personnes, avec des cartons d'affaires qui traînent des mois parce que vous ne savez pas où les ranger, votre nouvelle maison ne disposant pas exactement des mêmes rangements que la précédente. Vous avez compris que le rangement n'est pas une science exacte et rigide. Tout ce qu'il vous faut, c'est trouver de nouveaux rangements logiques, pratiques et immuables et non pas retrouver à l'identique la même penderie avec le même nombre de cintres dans l'entrée. Il n'y a pas de penderie dans votre nouvelle entrée ? Vous accrocherez vos manteaux à une patère. Pas de patère non plus, ni même la place pour en fixer une ? Vous rangerez vos manteaux sur un cintre dans l'armoire de votre chambre. De toute façon, depuis votre grand désencombrement, vous n'avez plus dix manteaux comme autrefois, mais seulement deux, parfaitement utilisables, beaux et en très bon état ! Donc, n'ayez plus peur que le moindre changement dans votre vie perturbe votre organisation, cela ne sera plus le cas.

Dernier conseil pour vous permettre de maintenir votre logement en ordre, planifiez un jour d'inspection chaque semaine (par exemple la veille du jour où vous faites votre ménage, c'est idéal) et vérifiez rapidement les sols et surfaces planes. Si vous y trouvez quoi que ce soit, *Éliminez*-le (un papier de bonbon, un prospectus déjà lu..), *Réparez*-le (un bouton qui s'est décousu...), ou *Affectez*-le à nouveau dans son rangement logique, pratique et immuable. Cette inspection prend cinq minutes et c'est tout ce que vous aurez à faire pour maintenir votre logement en ordre !

Maintenant, détendez-vous et profitez de votre intérieur impeccablement rangé et de vos objets les plus précieux. Ils sont devenus invisibles, se font discrets dans leurs rangements bien étudiés, mais n'en sont pas moins là, non plus pour vous encombrer ou prendre la poussière, mais prêts à vous servir en moins de vingt secondes !

Remerciements

Un grand merci aux testeuses et testeurs de la méthode. Ils m'ont aidée à m'assurer de son efficacité sur différents profils de personnes et à en rendre les instructions plus claires. Ils se reconnaîtront et je leur adresse toute ma gratitude pour la pertinence de leurs remarques.

Dépôt légal : avril 2017

Made in the USA
Las Vegas, NV
14 April 2022